Veröffentlichungen des Deutschen Vereins für Volks-Hygiene.

Im Auftrage des Zentralvorstandes in zwanglosen Heften herausgegeben von Sanitätsrat Dr. K. Beerwald, Berlin.

Heft XXI.

Die Pflege von Mund und Zähnen, ein wichtiger Teil der Gesundheitspflege.

Von

Karl Techmer,
Prakt. Zahnarzt in Cassel.

(Erstes bis zehntes Tausend.)

München und Berlin.
Druck und Verlag von R. Oldenbourg.
1911.

Preis 30 Pfennig.

Von 100 Expl. an 25 Pf. | Von 500 Expl. an 18 Pf.
Von 200 Expl. an 20 Pf. | Von 1000 Expl. an 15 Pf.
Von 2000 Expl. an 12 Pf.

Veröffentlichungen des Deutschen Vereins für Volks-Hygiene.

Im Auftrage des Zentralvorstandes in zwanglosen Heften herausgegeben von Sanitätsrat Dr. K. Beerwald, Berlin.

Heft XXI.

Die Pflege von Mund und Zähnen, ein wichtiger Teil der Gesundheitspflege.

Von

Karl Techmer,

Prakt. Zahnarzt in Cassel.

(Erstes bis zehntes Tausend.)

München und **Berlin.**
Druck und Verlag von R. Oldenbourg.
1911.

Vorwort.

Vorliegende Schrift ist nicht als fachwissenschaftliche Abhandlung für den engen Kreis sachverständiger Ärzte und Zahnärzte geschrieben.

Ihnen wird sie wenig Neues bringen können.

Die in dem Heftchen aufgestellten Forderungen und deren Begründung müssen weiter dringen, wenn sie Erfolg haben sollen.

Diejenigen müssen sie hören, die am ersten in der Lage sind, zur Verwirklichung unserer Bestrebungen auf dem Gebiete der Volkshygiene mitzuarbeiten:

Eltern, Lehrer und Erzieher.

Sie sind in ständiger enger Fühlung mit der Jugend und können ihren Einfluß dauernd wirksam im Interesse der guten Sache geltend machen.

Wollen wir wirkliche Erfolge erzielen, so müssen wir uns das Vertrauen der Jugend gewinnen, und hierzu können uns nur die Eltern helfen.

In der Erziehung zu hygienisch richtiger Körperpflege gebe die Kinderstube die Grundlage, die spätere Erziehung die Gewöhnung, die Schule das Verständnis.

Die aus zahnärztlichen Kreisen ergangenen Anregungen haben bereits schöne Erfolge aufzuweisen.

Die in den letzten Jahren vereinzelt errichteten Schulzahnkliniken, die regelmäßigen Untersuchungen der Schulkinder, manche Besserung auf dem Gebiete zahnärztlicher Fürsorge bei Krankenkassen, Versicherungswesen, Heer und Marine festigen die Hoffnung, daß bald neben dem Schulzahnarzt auch der Militärzahnarzt Hand in Hand mit Schularzt und Militärarzt seines Amtes walten wird. Möge dies nicht mehr allzu lange ein frommer Wunsch bleiben.

Viel würde durch die Arbeit dieser Männer erreicht, viel gebessert, und doch wird noch viel zu tun übrigbleiben.

Bis wir diesen Fortschritt erkämpft haben, heißt es für uns ernstlich weiterarbeiten durch Wort und Schrift, Rat und Tat.

Helfen Sie uns die breite Masse aufklären, die Schäden beleuchten, welche Unwissenheit und Nachlässigkeit durch den Lauf von Jahrhunderten begünstigt, bemäntelt und vermehrt haben.

Vielleicht wird in absehbarer Zeit der Schulzahnarzt seine segensreiche Tätigkeit in allen Orten entfalten können. Welche Aufgaben warten seiner, wenn die Kinder, wie es heute noch der Fall ist, mit verwahrlosten Mundverhältnissen zur Schule kommen!

Tun Sie das Ihrige dazu, daß Pflege und Behandlung des kindlichen Mundes früher einsetzt, im eigensten Interesse Ihrer Kinder!

Meine Ausführungen sind ohne für den Laien schwer verständlichen wissenschaftlichen Ballast, ohne ermüdende Statistiken, in möglichst leicht faßbarer Form gehalten, damit jedermann sie nützen, sie für sich und die Seinen verwerten kann.

Nehmen Sie mit Wohlwollen von ihnen Kenntnis!

Cassel, Januar 1911.

Karl Techmer.

Wenn ich mit Folgendem die Flut der mehr oder weniger brauchbaren und verbreiteten Einführungen in die Hygiene des Mundes vermehre, so leitet mich die Überzeugung, daß nicht oft und eindringlich genug der großen Allgemeinheit ihre Unterlassungssünden auf diesem Gebiete vorgehalten werden können. Der Zweck vorliegender Schrift.

Ist erst einmal die Erkenntnis durchgedrungen, daß vieles noch im argen liegt, daß achtlos an mancher leicht zu behebenden Ursache späterer Leiden vorbeigesehen wird, dann stellt sich auch bald der Wille ein zur Beseitigung dieser Schäden, welche die Gesundheit und damit Arbeits- und Wehrkraft unseres Volkes beeinträchtigen.

Diesem Willen zur Änderung der wenig erfreulichen mundhygienischen Verhältnisse die Wege zu weisen, soll nach Schilderung der Folgen vernachlässigter Mundpflege der zweite Teil meiner Aufgabe sein.

Wir Zahnärzte, die wir den aufrichtigen Willen haben, unsere Dienste nach bestem Wissen und Gewissen der leidenden Menschheit zugute kommen zu lassen und durch Wort und Tat die herrschenden, man muß sagen beschämenden, Zustände zu bessern, können zum vollen Erfolge nicht gelangen, ehe uns nicht Staat, Eltern und Erzieher bei unserem mühevollen Werke tatkräftig unterstützen. Unterstützung durch Eltern und Erzieher.

Staatliche Hilfe. Der Staat hat endlich ein Einsehen gehabt; er unterstützt, soweit seine, leider oft unzulänglichen, Mittel reichen, Lehranstalten für Zahnheilkunde, sorgt mehr als früher für zahnärztliche Hilfe im Heer, in Krieg und Frieden, läßt seine Soldaten in der Mundpflege unterweisen und unterstützt, last not least, Bestrebungen privater und amtlicher Kreise für Zahnpflege in den Schulen.

Hier kommen wir dem Faktor näher, der uns am wirksamsten unserem Ziele, der Gesundung unseres Volkes, näher bringen kann.

Schulzahnkliniken. Das neugebildete Zentralkomitee für Zahnpflege in den Schulen, dem hervorragende Schulmänner, Verwaltungsbeamte, Ärzte und Zahnärzte angehören, hat sich die Aufgabe gestellt, das zu verallgemeinern, was einzelne Städte bereits durch Errichtung städtischer Schulzahnkliniken erreicht haben: Eine regelmäßige zahnärztliche Untersuchung und Behandlung der Schulkinder.

95 % der Kinder zahnkrank. Angestellte Untersuchungen haben zu der betrübenden Erkenntnis geführt, daß ca. 95 % der Kinder bereits kranke Zähne hatten.

Wie viele von diesen Kindern wachsen auf, ohne daß durch rechtzeitige Behandlung ihre Mundverhältnisse gebessert werden?

Ich glaube nicht zu hoch zu greifen, wenn ich 50 % annehme.

Rekrutenuntersuchungen. Die Probe auf dies Exempel machen die Rekrutenuntersuchungen. Alljährlich muß ein großer Prozentsatz der Militärpflichtigen wegen mangelhafter Zähne ausgeschieden werden. Und daß die Anforderungen in dieser Hinsicht auf das geringste zulässige Maß herabgesetzt werden, davon kann sich jeder überzeugen, der Gelegenheit hat, sich mit den Kauwerkzeugen unserer Vaterlandsverteidiger zu beschäftigen.

Mangelnder Unterricht über Gesundheitspflege.

Wo bleiben nun noch die vielen nicht Militärpflichtigen und vor allem der weibliche Teil unserer Jugend? Niemand macht sie auf den schlechten, ungesunden Zustand ihres Mundes aufmerksam.

Erst eine lange Reihe von schmerzdurchtobten Tagen und Nächten, die Erschwerung von Essen und Trinken oder im günstigsten Falle die liebe Eitelkeit treiben sie zum Zahnarzt; — selbstverständlich erst, nachdem alle Hausmittelchen und die Ratschläge der superklugen Frau Gevatterin erschöpft sind.

Zahnärztliche Hilfe wird zu spät aufgesucht.

Jetzt werden wir vor eine Aufgabe gestellt, die schlechterdings meistens nicht zu lösen ist. Rasch, ohne Schmerzen und billig sollen wir nun wieder etwas gutmachen, was durch Nachlässigkeit oder Unwissenheit in langen Jahren verdorben ist.

Gewiß ist unsere zahnärztliche Kunst in der Lage, auch die kläglichsten Mundverhältnisse so zu bessern, daß die einzelnen Organe ihre Arbeit wieder tun können.

Hierzu ist aber Voraussetzung, daß der Patient neben dem nötigen Vertrauen und Verständnis auch über die nötige Zeit, Geduld und, leider muß man es sagen, auch das nötige Geld verfügt, um eine langwierige, nicht immer angenehme und für den Operateur oft recht schwierige, nervenaufreibende Behandlung durchzuhalten.

Mundpflege und Behandlung müssen frühzeitig einsetzen.

Alles dieses vereinfacht sich unvergleichlich, wenn rechtzeitig mit der zahnärztlichen Behandlung begonnen wird und, als wichtigster Punkt, eine frühzeitig einsetzende und gewissenhaft ausgeübte Mundpflege nach den Grundsätzen der Hygiene die zahnärztliche Tätigkeit unterstützt.

Nur so können wir die hohen Krankheitsziffern herabdrücken auf ein Mindestmaß, nur so dem Staate eine große Summe wertvoller Kräfte erhalten, die Leistungsfähigkeit des einzelnen erhöhen, eine Unsumme von Schmerzen bannen.

Manche große Ausgabe, die nach jahrelanger Vernachlässigung des Mundes für eine umfangreiche zahnärztliche Behandlung nötig wird, kann erspart und die frei werdende Summe anderen Zwecken dienstbar gemacht werden.

Der Schrecken vor dem Zahnarzt wird schwinden, wenn ihm Gelegenheit gegeben wird, rechtzeitig seine Kunst auszuüben, die ihn in den Stand setzt, mit Anwendung der vielen zu Gebote stehenden Mittel auch ohne quälende, schmerzhafte Eingriffe die noch im Anfangsstadium stehenden Schäden zu beheben.

Deshalb geht mein Mahnwort an alle, die für das Wohlergehen junger Menschen verantwortlich sind:

Schützt eure Kinder vor der Zahnverderbnis mit ihren traurigen Folgen!

Die Aufgabe ist leicht und ihre Nichterfüllung eine unentschuldbare Nachlässigkeit.

I.

Folgen fehlender Mundpflege.

Zunächst werde ich das Bild einer mangelhaft gepflegten Mundhöhle in knappen Umrissen geben und dann die Pflege, wie sie sein soll, nach den Entwicklungsstadien des menschlichen Organismus geordnet näher erläutern.

Schon im Säuglingsalter ist die Mundpflege ein wichtiger Teil der allgemeinen Gesundheitspflege und trägt zur kräftigen Entwicklung des Kindes wesentlich bei. Im Säuglingsalter.

Vernachlässigungen rächen sich meist sehr schnell, da der empfindliche junge Organismus auf alle Schädlichkeiten rasch und heftig reagiert.

Es entwicklen sich Krankheitserscheinungen, die zwischen einer leichten entzündlichen Reizung und schweren Infektionen die verschiedenartigsten Bilder geben.

Näheres finden Sie in den Abschnitten über Pflege der gesunden und kranken Mundhöhle des Säuglings.

Beginnt nun der Durchbruch der Zähne, so erschwert sich das Krankheitsbild im schlechtgepflegten Kindermunde noch mehr. Bei dem Durchbruche der Zähne.

Die Häufigkeit der Erkrankungen nimmt in dem gleichen Verhältnis zu, in dem sich die Möglichkeiten einer Infektion der durch den Zahndurchbruch an sich schon gereizten Schleimhäute vermehren. Infektionen.

Auf unsauberen Gegenständen, die das Kind während dieser Zeit in den Mund steckt, können Krankheitserreger mehr oder weniger bösartiger Natur in Mengen in die Mundhöhle getragen werden. Infektionsträger.

Hierher gehören schlecht gereinigte Beißringe, Veilchenwurzeln, Spielsachen u. dgl., auf denen das Kind herumbeißt, um sich den Durchbruch der Zähne zu erleichtern.

Viele, wohl die meisten Beschwerden beim Erscheinen der Zähne rühren nicht von den Zähnen her, sondern sind auf Rechnung solcher kaum beachteter Schädlichkeiten zu setzen.

Das Milchgebiß verlangt sorgfältige Pflege.

Ist das Milchgebiß nach mehr oder weniger großen Mühen nun glücklich da, beginnt das Kind größer und selbständiger zu werden, so ist damit der kritische Zeitpunkt gekommen, von dem an leider allzuhäufig die Pflege des Mundes überhaupt aufhört, statt mit unverminderter Sorgfalt weitergeführt und als unbedingte Notwendigkeit, wie die täglichen Waschungen des Körpers, dem Kinde eingeprägt zu werden.

Glauben Sie nicht, daß meine Behauptung wohl nur für die Bevölkerungsklassen Geltung haben kann, die überhaupt ihre Kinder ohne die nötigste Aufsicht und Wartung aufwachsen lassen.

Leider finden sich derartige Unterlassungssünden auch in gebildeten Familien häufiger, als die im übrigen zur Schau getragene Sorgfalt und Liebe vermuten lassen sollte.

Eine Zeitlang geht nun alles scheinbar gut.

Beginnende Zahnverderbnis und Schleimhauterkrankungen.

In Wirklichkeit ist aber das Verderben schon emsig an der Arbeit.

Speisereste setzen sich fest, gären, zersetzen sich und bilden mit den Ablagerungen des Speichels eine allmählich wachsende Kruste um die Zähne.

Das Zahnfleisch entzündet sich, schwillt an, blutet bei der geringsten Berührung und wird schließlich durch infektiöse Prozesse mit einem schmierigen, übelriechenden Belage überzogen.

Das Kind schluckt mit den Speisen, mit dem Speichel Unmengen von Krankheitserregern und fauligen Stoffen herunter, die natürlich auf die Dauer nicht ohne Wirkung bleiben.

Allmählich beginnen nun auch die Erreger der Zahnfäule, der Karies, ihre heimliche Arbeit.

Kleine Höhlen bilden sich, schreiten in der wenig widerstandsfähigen Milchzahnsubstanz rasch in der Entwicklung fort und beherbergen nun in noch vermehrtem Maße die schädlichen Stoffe.

Das Kind schläft plötzlich unruhig, kaut schlecht, und über Nacht ist er da, der große Kinderschreck, — Zahnschmerz. Zahnschmerzen.

Hat dieser Zustand mit Unterbrechungen eine Weile gedauert, das gequälte Wesen die Eltern einige Nächte nicht schlafen lassen, dann setzt günstigen Falles zahnärztliche Behandlung ein; der schuldige Zahn soll entfernt werden. Vorzeitige Extraktionen.

Der Verlust wird ja ersetzt, der Zahn kommt wieder, was liegt daran.

Und die übrigen von Karies befallenen Zähne? „Ach die haben noch Zeit. Wenn die weh tun, ziehen wir sie aus."

Jawohl, das ist leicht, aber wer denkt an die Folgen die nach so frühzeitigen Verlusten im Milchgebiß nicht ausbleiben?

Häufig gelangen die kleinen Patienten noch gar nicht in die Hand des Zahnarztes. Falsches Verhalten der Eltern.

Die meist leicht zu entfernenden Milchzähne oder deren Reste werden mit Hilfe der primitivsten Werkzeuge von den Eltern herausgenommen.

Stört das Kind durch sein Schreien in einem Schmerzanfalle die Ruhe seiner Umgebung, so wird, statt den Zahnarzt zu Rate zu ziehen, der berufene Helfer noch als Schreckgespenst mit seiner fürchterlichen Zange den Kleinen vorgeführt und meist sind sie vor lauter Angst eine Weile still. Verängstigung der Kinder.

Anstatt daß die Eltern den kleinen Leuten Vertrauen zum Zahnarzt als dem Helfer aus ihren Leiden einflößen, werden diese verängstigt und handscheu gemacht.

Die Folgen in der zahnärztlichen Behandlung.

So vorbereitet bekommen wir dann die Kleinen, wenn es gar nicht mehr anders geht, in Behandlung.

Nun entwickeln sich Kinderszenen, die an herzerquickender Lieblichkeit wahrlich zu wünschen übrig lassen.

Mit den besten Worten, mit allen Tonarten von Freundlichkeit und Strenge ist nichts auszurichten. Die an sich schon schwer zu behandelnden Kinder gebärden sich wie Rasende.

Die zur Begleitung erschienenen Eltern oder Pflegepersonen überlassen es uns dann, mit dem Resultat ihrer unverantwortlichen Verschüchterungsmethode fertig zu werden, oder, was noch weniger angenehm ist, sie versuchen mit Schmeichelworten, die allmählich in Drohungen oder gar Züchtigungen übergehen, zu helfen.

Der Jammer nimmt häufig nicht eher ein Ende, bis die Narkosenmaske als ultima ratio dem Widerstand des gequälten Wesens ein Ende macht.

Oft keine schonende Behandlung möglich.

Und das Ärgerlichste ist, wir sind häufig gezwungen, den Kindern, die sich derartig unvernünftig gebärden, daß wir schmerzlindernde Mittel nicht anwenden können, als ersten Eindruck zahnärztlicher Hilfe einen Schmerz zuzufügen, der in der ängstlichen Erregung noch viel schlimmer empfunden wird.

Dadurch geht das mühsam erkämpfte Vertrauen wieder verloren, und nur noch schwerer ist der kleine Patient zu weiterer Behandlung zu bewegen.

Mit Geduld trägt er lieber seine Schmerzen, und das Verderben geht seinen Gang.

Nun erscheinen nach und nach die bleibenden Zähne. Das kindliche Gebiß birgt viele kranke Milchzähne, die Zahnreihe weist infolge vorzeitiger Extraktionen Lücken auf, Milchzahnreste stecken im Kiefer, die dauernd Eiterungen unterhalten und hierdurch die in der Entwicklung begriffenen Zahnkeime schädigen.

Das Erscheinen der bleibenden Zähne in einem ungepflegten Munde.

Kaum ist ein bleibender Zahn erschienen, so wird er schon mit in den Prozeß des Verfalls einbezogen.

Nach und nach haben sich die Dauerzähne doch einen Platz im Kiefer erkämpft, die Milchzähne sind bis auf einige Reste, die häufig noch lange bleiben, abgestoßen, der heranwachsende junge Mensch hat eine Weile Ruhe, bis — nun, bis auch im bleibenden Gebiß durch Nachlässigkeit die gleichen traurigen Zustände herrschen, wie sie im Milchgebiß vorhanden waren.

Man kann nicht behaupten, daß ein ungepflegtes, wenn auch an sich gut entwickeltes Gebiß einen schönen Anblick gewähre. Schon diese Erwägung sollte doch bei der sonst so eitlen Menschheit den Willen zeitigen, gegen diesen Schönheitsfehler zu tun, was auch der alle Äußerlichkeiten verachtende Philosoph tun kann, ohne sich den Vorwurf großer Eitelkeit aufzuladen.

Ein unsauberer Mund ist häßlich.

Betrachten Sie sich solchen Mund. Die Zähne sind schmutzig-gelb belegt, haben grünliche bis braunschwarze Ränder am Zahnfleischsaume, das Zahnfleisch ist entzündlich gerötet und blutet leicht. Zahnsteinkrusten bedecken die Teile des Gebisses die nicht durch Zunge und Lippen intensiv berührt werden.

Kariöse Zahnhöhlen bieten allen Schädlingen willkommenen Unterschlupf.

Folgen der Karies.

Bakterien im Munde.

Da finden sich gärende, faulige Speisereste in Menge; die ganze Flora der Mundbakterien mästet sich an dieser ständig reich gedeckten Tafel.

Zu den harmlosen Bewohnern der Mundhöhle gesellen sich auch weniger harmlose Gäste. Da ist zunächst die große Gruppe der Eitererreger, Staphylokokken, Streptokokken 2c., dann Tuberkelbazillen, Pneumokokken, der Aktinomykosepilz und das ganze Heer der übrigen Feinde menschlicher Gesundheit.

Diese alle lauern an der warmen, mit Nährmitteln überladenen Brutstätte auf eine Gelegenheit, in den Organismus einzudringen und dann an irgendeiner schwachen Stelle ihr Verheerungswerk zu beginnen.

Entstehung von Krankheiten begünstigt.

Die Gelegenheit ist günstig; vom Munde aus führen viele Pforten in den Körper.

Zunächst wäre zu nennen der Weg mit den Speisen in den Verdauungsapparat, die einfachste Einbruchspforte für Tuberkelbazillen, Typhus- und Choleraerreger.

Tuberkulose und Pneumonie.

Mit der Atmungsluft gelangen winzige Speichelteilchen in die Luftwege und Lungen, mit ihnen Tuberkelkeime und Pneumokokken.

Anginen und Mandeleiterungen, Gelenkrheumatismus.

Die Eitererreger erzeugen auf gereizten Schleimhäuten des Mundes und des Rachens eitrige Entzündungen, die häufig auf die Rachenmandeln übergreifen und hier zu Abszessen und in der Folge zu Eitersenkungen und Phlegmonen, d. h. Zellgewebseiterungen, führen können. Auch als Ursache mancher Fälle von Gelenkrheumatismus sind solche Eiterungen neuerdings erkannt worden.

Diphtherie.

Ebenso sind die Erreger der Diphtherie in der Mundhöhle nachgewiesen worden.

Kiefererkrankungen. Weitere Eingangspforten bilden schwer kariöse Zähne, deren Zahnmark, der sog. Nerv, bereits zerfallen ist. Nicht nur die Eitererreger dringen durch die Wurzelkanäle ein, deren Werk die Zahngeschwüre und Fisteln, die Kiefer- und Knochenmarksentzündungen sind, sondern auch der Strahlenpilz, der Aktinomykoseerreger, dringt hier in den Kiefer und zerstört den Knochen in großem Umfange durch seine Wucherungen.

Krebs. Dauernder Reiz, hervorgerufen durch scharfe Kanten kariöser Zähne, schlechte Wurzeln und schlechtsitzende Ersatzstücke, ist schon der Anlaß zu Ausbrüchen von Krebserkrankungen der Wange und Zunge gewesen.

Alveolarpyorrhö. Zahnfleischentzündungen und Zahnsteinablagerungen, die beide ein Karakteristikum mangelhafter Mundpflege sind, bewirken eine Lockerung sonst gesunder Zähne, die meist mit deren vorzeitigem Ausfall endet.

Wesen der Karies. Die Karies, auch Zahnfäule genannt, ist die spezifische Zahnkrankheit, gleichzeitig aber auch die am meisten verbreitete Volkskrankheit.

Sie ist das Resultat aller im Munde wirkenden Schädlichkeiten, die vereint, durch dauernde Angriffe, ein so widerstandsfähiges Organ, wie es der Zahn ist, vollkommen zerstören können.

Ihre Verhütung. Wenn es auch kein Mittel gibt, die Karies unter allen Umständen zu verhüten, denn eine völlige zuverlässige Ausschaltung aller zerstörenden und für Karies prädisponierenden Einflüsse ist bei einem Kulturvolk nicht mehr durchzuführen, so gibt es doch ein Mittel, ihre Ausbreitung zu hemmen und ihre Folgen zu beseitigen: Die Mundhygiene verbunden mit sachgemäßer Ernährung im Kindesalter.

Entstehung der Karies. Der Theorien über die Entstehung der Karies gibt es gar viele, und manches Wort ist darüber gesprochen, mancher Tropfen Tinte in hitzigem Federkriege verspritzt worden.

Dem Laien, dem meine Worte hauptsächlich gelten, mag die Tatsache genügen, daß sie vor Jahrtausenden schon die Menschheit plagte und daß sie sich immer mehr mit dem Fortschritt der allgemeinen Kultur ausbreitet.

Prädisposition. Ein schwacher Körper bietet, wie allen Krankheiten, so auch der Karies günstigere Entwicklungsbedingungen.

Besonders scheinen kindliche Entwicklungsstörungen, die den Knochenbau beeinträchtigen, gleichzeitig die Zähne der Karies zugänglicher zu machen.

Hier sind zu nennen Rachitis, Skrofulose, Blutarmut und Unterernährung.

Syphilis. Daß ererbte Syphilis typische Mißbildungen der Zähne verursache, wird behauptet. Mehr wohl hat die Ansicht für sich, daß die Störungen in der Entwicklung, die durch die allgemeine Schwächung des Organismus und die Behandlungen vererbter Lues bedingt sind, erst sekundär Erscheinungen an den Zähnen machen, die auch bei anderen Störungen des Wachstums ähnlich beobachtet werden.

Allgemeinleiden. Schwere Allgemeinleiden vermögen, auch beim Erwachsenen Erkrankungen der Zähne und des Mundes zu verursachen. So z. B. die Lockerung ganz gesunder Zähne durch Schwund der Zahnfächer, beim Diabetes mellitus, der Zuckerkrankheit, die stürmisch verlaufenden, entzündlich gangraenösen Zahnfleischerkrankungen beim Skorbut, die syphilitischen Eruptionen im Munde und andere.

Berufliche Prädispositionen. Einzelne Berufe prädisponieren für Karies und Mundkrankheiten.

Man spricht von der Bäckerkaries, einer schweren, über die sämtlichen Zähne ausgebreiteten Form der Karies die sich bei mangelhafter Mundpflege in erschreckend schnellem Verlauf bei Personen entwickelt, die sich ständig in Räumen aufhalten, deren Luft mit Mehl- und Zuckerstaub gesättigt ist. Bäckerkaries.

Die Phosphornekrose, eine Kiefererkrankung, befällt Arbeiter, die in den Tauchräumen der Zündholzfabriken den Phosphordämpfen ausgesetzt sind. Sie entwickelt sich in der Nähe kariöser Zähne und führt oft zum totalen oder teilweisen Verlust des knöchernen Kiefers. Phosphornekrose.

Die Bleivergiftung der Anstreicher und ähnlicher mit Blei ständig umgehender Arbeiter erzeugt den grauen Bleisaum und schwere Entzündungen des Zahnfleisches. Bleivergiftung.

Das Einatmen säurehaltiger Dämpfe zerstört die Zähne der Arbeiter in chemischen Fabriken. Säuredämpfe.

Langdauernder Gebrauch bestimmter Medikamente, wie Eisenpräparate und ähnlicher Mittel, verfärbt die Zähne, Quecksilber macht heftige Schleimhautentzündungen und Speichelfluß. Medikamente.

Da häufig der Mundpflege bettlägeriger Kranken, z. B. Wöchnerinnen, leider nicht die nötige Beachtung geschenkt wird, erklärt sich die oft rapide Zunahme der Karies nach solchen Krankheiten aus dem Zusammenwirken von Medikamenten und mangelnder Pflege, begünstigt durch die Herabsetzung des allgemeinen Ernährungszustandes. Einfluß längerer Krankheit.

Der Verlauf der Karies ist kurz folgender:

Das Schmelzhäutchen, die äußerste Bedeckung des Zahnschmelzes wird verletzt, losgelöst und erweicht, der Schmelz, die harte Kappe der Zahnkrone, löst sich unter Verlauf der Karies in den harten Zahnsubstanzen.

dem Einflusse der Mundsäuren auf, bröckelt ab und läßt Säuren und Bakterien zu dem Zahnbein, dem elfenbeinartigen Stützgerüst des Zahnes, dringen. Das Zahnbein wird entkalkt, erweicht, von den Bakterien zerstört, und das typische Bild einer kariösen Höhle ist fertig.

Erkrankungen des Zahnmarkes.

Im weiteren Verlaufe geht der Zerstörungsprozeß auch auf das Zahnmark über, das als sog. Nerv den inneren Hohlraum des Zahnes ausfüllt und seine Ernährung bewirkt.

Unter mehr oder weniger starken Schmerzen entwickelt sich die Infektion des Zahnmarkes zunächst als Blutüberfüllung, dann als teilweise, später vollkommene Entzündung dieses aus Bindegewebe, Blutgefäßen und Nervenbündeln bestehenden Organes.

Zahngeschwür.

Im Weiterschreiten der Infektion bilden sich kleinere eitrige Herde, die allmählich zusammenfließen und das Zahnmark in eine jauchige, übelriechende Eitermasse verwandeln. Diese bricht nach außen durch, der Eiter entleert sich aus der kariösen Höhle oder drängt sich bei Verschluß des Markraumes durch den Wurzelkanal unter dem Druck sich entwickelnder Fäulnisgase in das die Wurzelspitze umgebende Kiefergewebe. Dieses unterliegt allmählich einer eitrigen Einschmelzung, und es entsteht ein Wurzelabszeß.

Wurzel- und Kieferabszeß

Zahnfleischfistel.

Die mit der Wurzelspitze in Form eines Säckchens zusammenhängende Eiteransammlung vergrößert sich, an der Stelle des geringsten Widerstandes wird der Kiefer durchbrochen, der Eiter entleert sich nach außen.

Sie haben das Bild einer Fistel, deren Mündungen am Zahnfleisch oder Gaumen gelegen sind.

Häufig geht nun für eine Weile der heftige Schmerz zurück, der Zahn kann sogar manchmal wieder zum Kauen gebraucht werden. Die Gesichtsschwellungen, die dicke Backe, verschwindet, und außer ab und zu auftretenden Eiterentleerungen aus der Fistelmündung bestehen oft lange Zeit keinerlei Beschwerden. Vortäuschung einer Besserung.

Das Bild ändert sich jedoch wesentlich, wenn der Eiter sich einen anderen Weg wählt als durch das Zahnfleisch in die Mundhöhle. Komplikationen.

Da der Eiter das Bestreben hat, sich zu senken, so gelangt er manchmal von einem Wurzelabszeß im Unterkiefer an der Außenseite des Kiefers entlang in die Gegend des Kinns und durchbricht hier die Haut: die äußere Fistel ist entstanden. Äußere Fistel.

Noch schlimmer liegt der Fall, wenn die Eitermassen sich zwischen der Muskulatur des Halses, durch derbe Häute am Durchbrechen nach außen gehindert, bis in die Brusthöhle senken. Der Ausgang ist meist ein trauriger. Senkungsabszeß.

Im Oberkiefer sind diese Komplikationen seltener, aber durchaus nicht ausgeschlossen.

Die im Oberkieferknochen gelegene Kieferhöhle, eine Nebenhöhle der Nase, wird leicht durch Eitermassen, die von den dicht darunter liegenden Zahnwurzeln stammen, infiziert. Die infolge einer Kieferhöhleneiterung auftretenden Beschwerden sind sehr heftig, die Folgen nicht unbedenklich. Kieferhöhleneiterung.

Ferner ist die Möglichkeit gegeben, daß durch kranke Zahnwurzeln veranlaßte Eiterungen ihren Weg in die benachbarte Schädelhöhle nehmen. Eine eitrige Hirnhautentzündung führt dann meist zum Ende. Eitrige Hirnhautentzündung.

Sie sehen also, daß selbst die so gering geachteten Zähne sich gelegentlich für dauernde Vernachlässigung folgenschwer rächen können.

Totalerkrankung der Mundhöhle.

Ist der kariöse Prozeß nun ungehemmt seiner Vollendung entgegengegangen, so bietet die kranke Mundhöhle ein trauriges Bild der Verwüstung.

Zerstörung der Zähne.

In den von schwammigem, eiterndem Zahnfleisch bedeckten Kieferfortsätzen stecken als Überbleibsel des vielleicht früher recht schönen Gebisses zerbrochene, abgefaulte, von Zahnfleischwucherungen halb bedeckte Wurzeltrümmer.

Übler Mundgeruch und Entstellung des Gesichts.

Der Mundgeruch ist unerträglich stinkend, das Gesicht ist greisenhaft eingefallen, da der Unterkiefer dem Oberkiefer beim Schließen des Mundes um die volle Länge der fehlenden Zähne näher kommt.

Sprachstörung.

Die Sprache wird durch das Fehlen der zur Lautbildung nötigen Frontzähne undeutlich.

Kauakt gestört.

Der Kauakt besteht in einem Quetschen der Nahrung oder ist ganz aufgehoben. Ungekaut verschluckte Speisen werden nicht eingespeichelt, nicht genügend verdaut, und die Folge ist ein Magenleiden, verschlimmert durch die mitverschluckten Eitermassen und Fäulnisstoffe.

Magenleiden.

Prädisposition für schwere Krankheiten.

Die Ernährung des Organismus leidet unter den ständigen Verdauungsstörungen, das Körpergewicht nimmt mehr und mehr ab, und der Mensch wird eine leichte Beute für alle möglichen Krankheiten, die ein kräftiger Körper ohne alles Zutun niederkämpfen würde.

Tuberkulose.

Hier steht die Tuberkulose an erster Stelle. Im Kampfe gegen diese Geißel der Menschheit ist Reinlichkeit ein starker Schild, durch gute Verdauung bedingte kräftige Ernährung ein scharfes Schwert.

Darum brauchen Sie diese Waffen, ehe es zu spät ist und sorgen Sie, daß sie nicht verderben!

Anomalien der Zähne.

Eine weitere Folge versäumter Fürsorge für das kindliche Gebiß sind die mannigfaltigen Bildungsfehler der einzelnen Zähne und der ganzen Zahnreihen in bezug auf Entwicklung und Stellung.

Wachstumsstörungen.

Mangelnde Knochenernährung in der Zeit der Zahnbildung läßt verkrüppelte, schmelzlose, leicht der Zerstörung verfallende Zähne als untrügliche Merkmale überstandener Wachstumsstörungen zurück.

Vorzeitige Extraktionen und ihr Einfluß auf die Entwicklung der Kiefer.

Werden während der Entwicklungszeit der Dauerzähne Milchzähne entfernt, so wird das Kieferwachstum, das mit dem Wachsen der Zahnkeime Hand in Hand geht, gestört. Die bleibenden Zähne brechen an falschen Stellen durch, da der zu kleine Kieferbogen ihnen keinen Platz bietet.

Wir erhalten die leider nur zu häufigen Bilder von Stellungsstörungen, die zu Verunstaltungen des ganzen Gesichts führen können.

Die Hauptformen sind kurz folgende:

Lutschkiefer.

Der Oberkiefer ist stark nach vorn gewölbt, die Oberlippe läßt die hauerartig vorspringenden Vorderzähne sehen, der Unterkiefer trifft mit seinen Schneidezähnen auf den Oberkieferfortsatz hinter der oberen Zahnreihe auf. Diese Unform wird begünstigt durch die Unsitte vieler Kinder, gewohnheitsmäßig am Daumen zu lutschen.

Ein anderes Bild: Der Unterkiefer springt mit mächtigem Kinn weit nach vorn vor, die Zahnreihe ist nicht geschlossen.

Oder: Die Mahlzähne schließen, die Vorderzähne stehen bei geschlossenem Munde weit voneinander.

Ferner: die Schneidezähne des Oberkiefers beißen statt vor die des Unterkiefers senkrecht auf die Schneidekante der unteren Zahnreihe oder beißen kreuzweise halb vor, halb hinter diese.

Diese Fälle werden kompliziert durch mannigfache Drehungen, Verlagerungen usw. einzelner oder aller Zähne.

Verengung der Nasenhöhle.

Eine Folge dieser Kieferdeformationen, der man erst neuerdings Beachtung geschenkt hat, ist die Verengung der Nasenhöhle und deren Folgeerscheinungen, erschwerte Nasenatmung, reine Mundatmung, Bildung von Wucherungen in der Nasen-Rachenhöhle, Katarrh der in Frage kommenden Schleimhäute und der Luftwege.

Mundatmung.

Unter diesen Erscheinungen leidet ein großer Prozentsatz von Menschen im Kindesalter, ohne daß der Ursprung erkannt wird.

Das Kind hat oft Kopfschmerzen, ist müde, macht einen stumpfen, zerfahrenen Eindruck, in der Schule ist es unaufmerksam. „Es hält Maulaffen feil", d. h. es sperrt den Mund auf und träumt vor sich hin, ruft man es an, so schreckt es wie aus dem Schlaf auf.

Hier wird nun leider häufig mit Strafen versucht, eine Änderung herbeizuführen; es gelingt nicht.

Adenoïde Wucherungen.

Man erkennt, daß das Kind krank sein muß, es wird untersucht. Nasenpolypen, die adenoïden Wucherungen der Nasen-Rachenschleimhaut sowie Knickungen der Nasenscheidewand und Vergrößerungen der Muscheln in der Nase werden festgestellt.

Die Nasenverengung wird durch Entfernung der Wucherungen und von Teilen der vergrößerten Muscheln auf operativem Wege mit mehr oder weniger Erfolg beseitigt.

Nach einer Zeit häufig dasselbe Lied, da das Grund- übel, die Kiefer- und Gesichtsschädeldeformation, nicht behoben ist. Die Aufwölbung der knöchernen Gaumendecke, die nach oben die Nasenhöhle verengt, besteht fort.

Deformation des Gesichtsschädels.

Fast in allen derartigen Fällen werden sich typische Veränderungen in der Form des Oberkiefers und der Zahnreihen nachweisen lassen, die eben diese Aufwölbung des Gaumendaches während ihres Wachstums und des Durchbruches der Zähne bewirkten, unterstützt durch das Größenwachstum der knöchernen Gaumenplatten selbst, die in dem engen Kieferbogen keinen Platz zu völliger Ausdehnung in richtiger Lage fanden.

Hieraus resultieren auch die Knickungen der Nasenscheidewand, die Schiefheit des knöchernen Nasengerüstes und damit die höchst unschöne schiefe Nase.

Schiefe Nase.

Allen diesen scheinbar kaum mit Mund und Zähnen zusammenhängenden Störungen kann entgegengearbeitet werden durch rechtzeitige, sachgemäße Hilfe und Pflege im Kindesalter.

II. Mundpflege.

Die kindliche Mundhöhle, ich meine hier hauptsächlich die noch zahnlose Mundhöhle des Säuglings, verdient als Eingang in den Verdauungsapparat in bezug auf Pflege die allersorgfältigste Beachtung.

Die ersten Lebensjahre.

Sehr zarte, leicht verletzliche Schleimhäute kleiden den kindlichen Mund aus. Sie reagieren auf die geringste Schädigung durch heftige, schmerzhafte Entzündungen. Die Ernährung leidet, da das Saugen Schwierigkeiten macht.

Gesundheitsstörungen durch mangelhafte Pflege.

Bei mangelhafter Pflege siedeln sich bald allerlei Pilze und krankheitserregende Keime an, deren Einschleppung in den Verdauungs- und Atmungsapparat dem zarten Organismus schwere Gefahren bringen kann.

Infektionsträger. Die gesunde, gut gepflegte Mundschleimhaut bietet diesen Schädlingen, die mit der Nahrung, der Atmungsluft, der Saugflasche, der Mutterbrust und vor allem mit den Händen der Pflegerin und den zur Reinigung verwendeten Mundlappen ständig in die Mundhöhle eingetragen werden, keine Angriffspunkte. Sie gehen, ohne nennenswerten Schaden anzurichten, zugrunde.

Infektionen. Wird aber die Schleimhaut an irgendeiner Stelle verletzt, werden in den Buchten und Winkeln zurückbleibende Nahrungsreste nicht entfernt, so siedeln sich die Schädlinge sofort an diesen Stellen an. Pilzrasen wuchern auf der entzündeten Schleimhaut, Eitererreger verursachen geschwürige Prozesse, und schweren Allgemeinstörungen ist die Grundlage bereitet.

Soor. Der Soorpilz überzieht die Zungen-, Wangen- und Gaumenschleimhaut mit seinen reifähnlichen, weißlichen Auflagerungen, fleckförmig oder total. Auch Rachen und Schlund werden bis in die Speiseröhre hinein ergriffen.

Eitererreger. Die verschiedenen Eitererreger, Staphylo-, Strepto- und Gonokokken, erzeugen Geschwürsflächen, allgemeine Schleimhautentzündungen, die oft unter heftigem Fieber verlaufen, in ungünstigstem Falle zu allgemeiner Sepsis, Infektion des Gesamtorganismus, führen können. Eine der häufigsten Folgen sind die infektiösen Darmkatarrhe, verursacht durch verschluckte, Bakterien in Unmengen enthaltende Eitermassen.

Durch Staphylokokken wird eine spezifische Schleimhauterkrankung, die Stomatitis aphthosa, erzeugt. Aphthöse Mundentzündung.

Da am leichtesten schwächliche, kranke Kinder von Mundkrankheiten befallen werden, so ist es notwendig, sobald sich in der Mundhöhle heftig verlaufende, hartnäckige Erkrankungen zeigen, ärztliche Hilfe aufzusuchen. Allgemeinerkrankungen werden häufig erst durch Erscheinungen an der Mundhöhlenschleimhaut beachtet und erkannt, z. B. der Säuglingsskorbut (die Barlowsche Krankheit). Ärztliche Hilfe.

Viele Erkrankungen der Mundhöhle werden als Folgeerscheinung von Verdauungsstörungen betrachtet. Diese Ansicht ist falsch, eher umgekehrt wäre sie berechtigt. Verdauungsstörungen.

Die Anzeigen ungesunder Vorgänge im Säuglingsmunde sind kurz folgende: Anzeichen von Mundkrankheiten.

Es wird Rötung der Schleimhaut, stellenweise Abstoßung der oberflächlichen Schichten beobachtet. Das Saugen ist erschwert, das Kind ist unruhig.

Bei genauerem Zusehen wird man schmierige, gelblichweiße Beläge finden, zusammengesetzt aus einer üppigen Bakterienflora, Schleimhautzellen und Nahrungsresten. Hiermit haben wir die Ursache gefunden, die Behandlung besteht in sorgfältiger Mundpflege. Mundbelag.

Aus dem Munde des Kindes macht sich ein säuerlicher, fader Geruch bemerkbar. Man denkt an Magenkatarrh, die Ursache sind jedoch lediglich Nahrungsreste in saurer Gärung. Behandlung: Peinliche Sauberkeit. Gärende Nahrungsreste.

Ein übelriechender Fäulnisgeruch entströmt dem Munde, die Zunge ist belegt, süßlich pappiger Geschmack infolge fauliger Zersetzung von Nahrungsresten. Nachher Darmkatarrhe durch Verschlucken der Fäulnisstoffe, Affek- Mundfäule.

tionen der Atmungsorgane durch Einatmen von Fäulnisbakterien. Die Behandlung umfaßt ärztliche Allgemeinbehandlung, Reinigung und Desinfektion der Mundhöhle.

Mundpflege des Säuglings.

Wie ist nun die hygienisch richtige Pflege der gesunden und kranken Säuglingsmundhöhle zu handhaben?

Reinlichkeit.

Die Grundbedingung ist Reinlichkeit, auf die Spitze getriebene Reinlichkeit alles dessen, was mit dem kindlichen Munde in Berührung kommt.

Schonende Behandlung.

Das zweite Erfordernis ist Achtsamkeit und zarte schonende Behandlung der empfindlichen Schleimhäute.

Saubere Umgebung.

Für peinlichste Sauberkeit des kindlichen Körpers und seiner Umgebung ist zu sorgen, damit nicht die Hände, die Saugflaschen, Spielzeug und dergleichen, durch Ausscheidungen beschmutzt, Krankheitskeime in den Mund tragen können.

Die Pflegerin.

Die Pflegerin hat für ihre Person ebenfalls durch häufige Händewaschungen für Fernhaltung von Schädlichkeiten zu sorgen.

Die natürliche Ernährung.

Die Nahrungsaufnahme ist eine der günstigsten Gelegenheiten für Infektionen. Daher sollte bei natürlicher Ernährung der Brustkinder sowohl der Mund des Kindes als auch die Mutterbrust, besonders die drüsige Brustwarze, sorgfältig, vielleicht mit einer 2 proz. Borsäurelösung und Wattetupfern gesäubert werden.

Die künstliche Ernährung.

Die Hilfsmittel künstlicher Ernährung, Saugflaschen, Gummisauger, Schnabeltassen, Löffel ꝛc., sind vor dem Gebrauch am besten durch 5—10 Minuten langes Kochen in Sodalösung zu desinfizieren und mit gekochtem Wasser zu spülen.

Hat das Kind getrunken, so reinige man den Mund durch vorsichtiges Auswaschen mit abgekochtem Wasser, das lauwarm auf Wattetupfern zur Anwendung gebracht wird. Mundreinigung nach der Nahrungsaufnahme.

Besonders beachte man die Schleimhautbuchten zwischen Wange und Kiefern sowie am Übergang zum Rachen.

Man gehe vorsichtig zu Werke, damit nicht Brechreiz erzeugt wird und die Schleimhaut keine Verletzungen erfährt. Keine Schleimhautverletzung.

Aus diesem Grunde kürze die Pflegerin sich oft die Fingernägel. Lange Nägel sind nicht sauber zu halten und führen leicht zu Schleimhautverletzungen. Fingernägel.

Mundlappen aus Leinwand sind völlig zu verwerfen. Sie sind meist unsauber und scheuern durch die Rauheiten des Gewebes die zarten Mundschleimhäute wund. Mundlappen.

Die leider so beliebten Schnuller, Lutschzulpe etc. sind die idealsten Brutstätten für Bakterien, besonders wenn sie mit Zucker oder dergleichen imprägniert sind. Sauber sind sie nie! Keine Schnuller!

Ja, man kann es erleben, daß zu Boden gefallene feuchte Schnuller nach oberflächlicher Reinigung, wenn man hier diesen Begriff anwenden darf, dem Kinde sofort wieder in den Mund gesteckt werden.

Das ist eine hygienische Ungeheuerlichkeit, deshalb fort mit diesen Greueln!

Dasselbe gilt von Spielsachen, die mit nicht einwandfreien Farbstoffen gefärbt oder nicht gut zu reinigen sind. Das Kind bringt alles Erreichbare in den Mund und setzt sich auf diese Weise allen möglichen Erkrankungen aus. Spielsachen.

Tritt nun doch der Fall ein, daß sich die vorstehend erläuterten Anzeichen einer Munderkrankung zeigen, so verdoppele man seine Aufmerksamkeit, forsche nach der Ursache und beseitige diese. Pflege des kranken Säuglingsmundes.

Desinfektion. Bei leichten Reizungen der Schleimhaut genügt eine sorgfältige Mundreinigung, verstärkt durch mehrmalige Waschungen der Mundhöhle mit 1—2 proz. Borsäurelösung zur Desinfektion. Mundspülungen mit kaltem Wasser lindern eventuelle Reizerscheinungen.

Keine starkwirkenden Mittel. Stärkere Mittel, wie Sublimat, Karbol, Chlor-Kali, übermangansaures Kali oder dergleichen, wende man unter keinen Umständen ohne ärztliche Verordnung an.

Ein Versehen kann sich bitter rächen, da der kindliche Organismus meist auf ganz geringe Gaben derart starkwirkender Mittel heftig reagiert.

Rechtzeitige ärztliche Hilfe! Überhaupt ziehe man, sobald die Erkrankung eintritt, sofort den Arzt zu. Ist vielleicht die Schleimhauterkrankung noch nicht besorgniserregend, so vermeidet man doch leichter Verschlimmerungen und böse Folgen für das Allgemeinbefinden.

Nicht quacksalbern! Wäre das Selbstkurieren mit allerlei Hausmittelchen aus der Kinderstube endgültig verbannt, so würde manche Gesundheitsstörung, die später üble Folgen zeitigt, früh erkannt und beseitigt werden.

Durchbruch der Milchzähne. Ist schon der zahnlose Kindermund einer sorgfältigen Pflege zu unterwerfen, so beansprucht dieser während und nach dem Durchbruche der Milchzähne ganz besondere Aufmerksamkeit.

Die Entwicklung der Milchzähne beginnt schon sehr früh, nämlich im 5. Monat des Fötallebens. Die Zahnkeime bleiben zunächst im Kiefergewebe verborgen, so daß der Mensch in der Regel zahnlos geboren wird.

Zähne bei Neugeborenen. Es kommt jedoch vor, daß bei der Geburt ein oder zwei zahnähnliche Gebilde vorhanden sind.

Diese Zähne der Neugeborenen sitzen aber meist nur locker im Kiefer und erschweren das Sauggeschäft durch Verletzung der Brustwarzen und des zahnlosen Gegenkiefers.

Keinesfalls lasse man sich verleiten, selbst diese anscheinend leicht zu entfernenden Zähnchen fortnehmen zu wollen, da häufig schwer stillbare Blutungen nach ihrem Ausziehen beobachtet wurden. Man überlasse dieses dem Zahnarzt, der mit den vorliegenden Verhältnissen vertraut ist und den üblen Folgen der Extraktion schnell und sicher zu begegnen weiß.

Reihenfolge des Durchbruches.

Erst 6 Monate nach der Geburt pflegt regulär der Durchbruch der Zähne zu beginnen, und zwar kommen zuerst die mittleren, dann die seitlichen Schneidezähne, hierauf die ersten Backenzähne, dann erst die Eckzähne und endlich die zweiten Backenzähne. Die Reihenfolge im Oberkiefer und Unterkiefer pflegt die gleiche zu sein, nur macht meistens der Unterkiefer den Anfang.

Vollendung des Zahnens.

Mit dem Ende des 2. Lebensjahres ist normalerweise das Milchgebiß vollendet, das dann aus 20 Zähnen besteht.

Mundpflege während des Zahnens.

Während der Durchbruchszeit ist die Mundpflege ebenso wie im zahnlosen Munde durchzuführen. Es ist darauf zu achten, daß alle Schädlichkeiten von dem durch die hervordrängenden Zahnkronen gereizten Zahnfleische ferngehalten werden, zumal das Kind alle erreichbaren Gegenstände in den Mund schiebt und darauf herum beißt.

Beißringe.

Gegen Ringe aus Elfenbein, Hartgummi oder dergleichen, die gründlich sauber zu halten sind, sog. Beißringe, ist nichts einzuwenden. Sie sollen an einer Schnur so befestigt werden, daß sie nicht hinfallen und nicht in den Schlund gelangen können.

Veilchenwurzeln. Die sehr gebräuchlichen Veilchenwurzeln, die man den Kindern zum Beißen gibt, sind nicht einwandsfrei zu reinigen, daher verwerflich.

Magnetische Zahnhalsbänder Humbug! Sogenannte magnetische Zahnhalsbänder sind wirkungslos. Sie bestehen aus Schwefelpapier, das in Samtbänder eingenäht ist. Von elektrischen oder magnetischen Wirkungen zeigen sie keine Spur, höchstens in der Reklame. Den einzigen Nutzen hat der Geldbeutel des Fabrikanten dieser Humbugartikel von deren Anwendung, das zahnende Kind keinen.

Die Ernährung in der Periode des Zahnens. Was die Ernährung der Kinder in der Periode der Zahnbildung betrifft, so ist vor allem die Knochenbildung durch phosphorhaltige Nährmittel, z. B. Phosphorlebertran, zu unterstützen und damit die Zahnentwicklung zu kräftigen. Der Arzt wird das geeignete Mittel angeben.

Keine Süßigkeiten. Nahrungsmittel, die leicht gären, im Munde einen pappigen, schwer zu entfernenden Belag bilden, sind zu vermeiden. Hierher gehören die Süßigkeiten aller Art.

Linderungsmittel. Ist das Zahnfleisch an der Durchbruchsstelle eines Zahnes gelockert, gerötet und blutüberfüllt, so helfen Pinselungen mit Myrrhentinktur und kalte Spülungen diese Reizungen leicht überwinden.

Störungen des Allgemeinbefindens — Krämpfe. In der Periode des Zahnens häufig auftretende Verdauungsstörungen, Krämpfe und Katarrhe der Luftwege sind nicht mit dem Zahndurchbruche in Verbindung zu bringen.

Die Krämpfe sind Begleiterscheinungen der Darmaffektionen, diese wiederum oft nur Folgen vernachlässigter

Mundpflege. Ebenso sind die Erscheinungen von seiten der Atmungsorgane in vielen Fällen auf eingeatmete, in dem Munde aufgespeichert gewesene infektiöse Körper zurückzuführen.

Deshalb, wollen Sie ihre Kinder gesund durch diese oft recht kritische Periode der Entwicklung bringen, dann sorgen Sie für gute hygienische Verhältnisse im Munde!

Pflege des Milchgebisses.

Das nun mit mehr oder weniger Schwierigkeiten erschienene Milchgebiß erfordert eine ähnliche Pflege wie später das bleibende.

Zahnbürste.

Die Kinder sind frühzeitig an den Gebrauch der Zahnbürste zu gewöhnen.

Über dieses unentbehrliche Hilfsmittel richtiger Mund- und Zahnpflege möchte ich noch ein paar Worte sagen.

Die im Kindermunde anzuwendende Bürste sei den Größenverhältnissen der Mundhöhle entsprechend nicht zu groß.

Die Borstenbündel müssen aus weichen, reinen Borsten bestehen, die fest im Stiel verankert sind.

Keine harten Borsten.

Zu harte Bürsten greifen auf die Dauer die weiche Substanz der Milchzähne und die leichtverletzlichen Schleimhäute an.

Gute Befestigung der Borsten im Stiel.

Ausfallende Borsten dringen zwischen Zahn und Zahnfleisch ein und erregen dort schmerzhafte Entzündungen. Auch können sie in Speiseröhre und Luftwege gelangen und dort unangenehme Erscheinungen auslösen.

Reinigung der Bürste.

Nach dem Gebrauch sind die Bürsten gut zu reinigen und am besten in einer desinfizierenden Flüssigkeit aufzubewahren.

Öftere Erneuerung.

Man gebrauche sie nicht zu lange. Die Ausgabe ist bei häufiger Neuanschaffung nicht so groß, daß sie einen, wie es oft vorkommt, jahrelangen Gebrauch, bis kaum noch Borsten vorhanden sind, rechtfertigt.

Gebrauch der Zahnbürste.

Die Bürste ist unter mehrmaligem Ausspülen des Mundes in senkrechter Richtung so zu führen, daß sämtliche Zahnzwischenräume und die Kauflächen von der Wirkung getroffen werden. Nur so werden alle Speisereste gründlich entfernt und somit die schädlichen Folgen ihrer Zersetzung vermieden.

Mundwässer.

Mundwässer, die stark wirkende Substanzen oder ätherische Öle, z. B. Pfefferminzöl, in größerer Menge enthalten, möchte ich im kindlichen Munde nicht angewandt wissen.

Lauwarmes Wasser, ev. mit etwas Borsäure oder Wasserstoffsuperoxyd (ein Teelöffel voll auf ein Glas Wasser) genügt vollkommen.

Zahnpulver.

Zahnpulver ist sehr mäßig zu verwenden. Etwas ganz feine geschlemmte Kreide, alle drei Tage angewandt, genügt, um in Verbindung mit der Reinigung durch die Bürste die Zähne sauber zu halten.

Keine schleifenden Substanzen.

Lindenkohle, Bimsstein und andere schleifende Mittel greifen auch die widerstandsfähigsten Zähne sehr bald an, indem sie den Schmelzüberzug ritzen und anschleifen.

Die gepulverte Lindenkohle hat ebenso wie die Zigarrenasche, die man sogar zum Zähneputzen empfohlen hat, den weiteren Nachteil, daß sich unter dem Zahnfleischrande Teilchen davon festsetzen und blauschwarze Säume erzeugen, die den Mund greulich verunstalten.

Zahnseifen.

Milde, wohlschmeckende Zahnseifen dagegen sind mit gutem Erfolge zu gebrauchen.

Neben sorgfältiger Ausübung vorstehend erläuterter Reinigungsmethoden, morgens, nach den Mahlzeiten und hauptsächlich abends vor dem Schlafengehen, ist eine mindestens halbjährlich zu wiederholende Revision durch den Zahnarzt unerläßlich.

Zahnärztliche Kontrolle.

Kleine Schäden infolge von Karies werden so rechtzeitig entdeckt und mit Leichtigkeit ohne Schmerzen und ohne Zeit- und Geldverluste beseitigt.

Etwa vorhandene Zahnsteinbeläge oder Verfärbungen der Zähne werden von sachkundiger Hand entfernt.

Zahnsteinbeläge.

Das Milchgebiß bleibt auf diese Weise in gutem Zustande, bis die Dauerzähne durchzubrechen beginnen.

Warum die Erhaltung des Milchgebisses eine Notwendigkeit ist, wurde in vorhergehenden Abschnitten bereits erläutert.

Mit dem sechsten Lebensjahre ungefähr beginnt der Ersatz der Milchzähne durch die Zähne des bleibenden Gebisses.

Das Erscheinen des bleibenden Gebisses.

Zunächst erscheinen hinter dem letzten Milchbackenzahn die ersten bleibenden Mahlzähne.

Beginn des Zahnwechsels.

Nun ist das Signal zum Durchbruch der übrigen Zähne gegeben. Die Milchzahnwurzeln werden vom Kiefergewebe aufgesogen, die bleibenden Zähne drängen von unten nach, die Milchzahnkronen lockern sich und fallen schließlich aus bzw. sind leicht zu entfernen.

Ausfallen der Milchzähne.

Das Ausfallen der Milchzähne und das Erscheinen der bleibenden vollzieht sich im übrigen in der gleichen Reihenfolge wie bei dem Durchbruch des Milchgebisses.

Reihenfolge des Durchbruchs.

Im 7. bis 8. Jahre zeigen sich die mittleren, vom 8. bis 9. Jahre die seitlichen Schneidezähne. Zwischen dem 9. und 11. Lebensjahre treten die ersten kleinen Backenzähne durch und vom 11. bis 13. die Eckzähne und zweiten kleinen

Backenzähne, vom 13. bis 15. Jahre die zweiten großen Mahlzähne.

Die Weisheitszähne. Die dritten Mahlzähne, die Weisheitszähne, sind an keine bestimmte Durchbruchszeit gebunden. Sie erscheinen zwischen dem 17. und 40. Jahre, in vielen Fällen überhaupt nicht. Ihr Durchbruch ist oft mit großen Schwierigkeiten verknüpft.

Pflege im Wechsel. Während der Periode der zweiten Zahnung ist neben sorgfältiger Mundreinigung, da die sich über durchbrechenden Zähnen bildenden Zahnfleischtaschen zu schmerzhaften Entzündungen neigen, fortlaufende zahnärztliche Kontrolle von größtem Nutzen.

Milchzahnreste. Häufig geben im Kiefer verbleibende Milchzahnreste Veranlassung zu Stellungsfehlern der bleibenden Zähne und müssen rechtzeitig entfernt werden.

Bildungsfehler. Überhaupt ist in diesem Stadium den Bildungsfehlern der bleibenden Zahnreihen noch am leichtesten zu begegnen.

Zurückgehaltene Zähne. Auch kann der Fall eintreten, daß einzelne Zähne überhaupt nicht erscheinen. Diese entwickeln sich dann im Kiefer infolge Verlagerung des Zahnkeimes an den unmöglichsten Stellen, dem Nasenboden, der Kieferhöhle, dem harten Gaumen, und können später den Anlaß zu schweren Störungen, z. B. Neuralgien, geben.

Ein Röntgenbild läßt dergleichen meist unschwer erkennen, und eine Abhilfe ist ohne große Schwierigkeiten in den meisten Fällen zu erreichen.

Mundpflege des Erwachsenen. Der nach den gegebenen Anweisungen zur richtigen Pflege seines Mundes und der Zähne erzogene junge Mensch wird auch sein bleibendes Gebiß, das bis in das hohe Alter seine Dienste tun soll, nicht achtlos verkommen lassen.

Die Grundsätze für die Mundpflege des Kindes bleiben im allgemeinen die gleichen für den Erwachsenen.

Das Haupterfordernis ist wieder gewohnheitsmäßige, Reinigung. methodische Reinigung durch Spülungen und die Zahnbürste.

Die Bürste muß gemäß der umfangreicheren Mund- Die Zahnbürste. höhle größer gewählt werden. Auch etwas härter kann der Borstensatz sein. Zu harte Bürsten sind auch hier schädlich.

Will man weitere Mittel anwenden, so nehme man Kosmetika. eine milde Zahnseife, ein gutes Zahnpulver; auch unschädliche, wohlschmeckende Mundwässer sind zur Erhöhung des Wohlbehagens nicht ohne Vorteil.

Daß ich an dieser Stelle kein bestimmtes Präparat empfehle, vor keinem warne, werden Sie begreiflich finden.

Lassen Sie sich bei der Wahl dieser Mundpflegemittel neben dem Rate Ihres Zahnarztes vor allem von dem Grundsatze leiten: Das Einfachste, das Beste.

Mundkosmetika, die der Allgemeinheit in dauernder Anwendung nutzen sollen, dürfen nicht zu teuer sein, selbstverständlich keinerlei schädliche Stoffe enthalten und müssen in ihrer Wirkung wenigstens annähernd dem nahekommen, was die dafür gemachte Reklame verspricht.

Ein weiteres Hilfsmittel, um derbere Speisereste, zähe Reinigung mit dem Seidenfaden. Fleischfasern oder ähnliches aus den Zahnzwischenräumen zu entfernen, ist ein Seidenfaden. Gewachste Flockseidefäden sind in Rollenform als Zahnseide im Handel erhältlich. Man zieht ein Stück dieser Seide zwischen den Zähnen hindurch und räumt damit die Zwischenräume leicht und gründlich aus.

Zahnstocher sind wohl zu dem gleichen Zweck am Ästhetische u. hygienische Mängel des Zahnstochers. gebräuchlichsten, überall zu finden und reichlich in Benutzung. Leider, muß man sagen; denn wer zur Reinigung seines Gebisses nach jeder Mahlzeit einen Zahnstocher nötig hat, hat auch sicher schadhafte Zähne, die, gar nicht oder schlecht gefüllt, die Speisereste in größeren Mengen zurückhalten.

Auch ist es kein appetitlicher Anblick, jemanden an der Tafel recht ungeniert mit dem Zahnholz wirken zu sehen. Man ist erfreulicherweise in letzter Zeit dahinter gekommen, daß Zahnstocher auf einen gut gedeckten Tisch nicht mehr gehören, wenigstens bei privaten Geselligkeiten.

Krankheitsübertragung.

Auch von der Gasthaustafel sollten sie verschwinden. Die zur Benutzung aufgestellten Zahnhölzer werden von vielen Händen berührt und dann schließlich in den Mund gebracht. Wie leicht kann ein Kranker an einem der berührten Hölzer Krankheitsstoffe deponieren, die dann ein Gesunder durch eine mit dem Zahnstocher gesetzte kleine Schleimhautwunde seinem Körper direkt einimpft.

Deshalb fort mit diesem Greuel! Die Mundreinigung gehört nicht an den Eßtisch, ihr Platz ist das Toilettenzimmer, wo auch die übrige Körperreinigung vor sich geht.

Wiederholung der Regeln für die Mundpflege.

Um noch einmal zu wiederholen, eine regelrechte Mundpflege verlangt:

Morgens und abends eine gründliche Reinigung der gesamten Mundhöhle durch senkrechtes Bürsten der Zähne, einbegriffen ihre Kauflächen, verbunden mit ausgiebigen Spülungen.

Alle zwei bis drei Tage kann gutes Zahnpulver angewendet werden.

Nach den Mahlzeiten spüle man den Mund aus und entferne etwa zurückgebliebene Speisereste mit dem Seidenfaden.

Diese Prozeduren nehmen einige Minuten in Anspruch, und von der aufgewendeten Zeit kann man, wenn auch in anderem Sinne als dem üblichen, sagen: time is money. Sie macht sich bezahlt.

Keine Gewaltleistungen.

Ganz zu vermeiden sind natürlich Gewaltleistungen aller Art, die leider nur zu oft den Zähnen zugemutet werden z. B. Nüsseknacken, Glasbeißen 2c. Auch das beliebte Abbeißen von Zwirnsfäden, das Stochern in den Zähnen mit Nadeln und ähnlichen harten Instrumenten schadet den Zähnen.

Halbjährliche zahnärztliche Untersuchung.

Eine zahnärztliche Untersuchung des gesamten Kauapparates sollte halbjährlich vorgenommen werden.

Etwa entstandene Schäden sind dann leicht festzustellen und zu beseitigen.

Erhaltung des Gebisses.

Ein so nach hygienisch richtigen Grundsätzen gepflegtes Gebiß wird seine Dienste bis ins höchste Alter tun, ohne die Quelle vieler Schmerzen zu sein und ohne für umfangreiche Behandlungen größere Ausgaben nötig zu machen.

Verhältnis des Patienten zum Zahnarzt.

Auch das Verhältnis des Patienten zum Zahnarzt wird ein anderes, besseres werden. Der Patient, der bei Einhaltung der gegebenen Regeln eigentlich kaum zum Patienten, zum Leidenden werden kann, wird in dem Zahnarzt nicht einen gefürchteten Menschenquäler, sondern einen treuen Helfer erblicken, dem er die Erhaltung eines schönen Körperschmuckes, eines für den Gesamtorganismus wichtigen Organs und damit ein gut Teil seiner Gesundheit und seines Wohlbefindens verdankt.

Darum helfe uns jeder im eigensten Interesse, dies schöne Ziel zu erreichen!

Die Heilung und Pflege der kranken Mundhöhle.

Und nun wende ich mich an die Vielgeplagten, die mit oder ohne eigene Schuld unter den Folgen einer von Jugend auf vernachlässigten Mundpflege zu leiden haben.

Hilfe immer möglich.

Eine Hilfe ist immer noch möglich. Ein erträglicher Zustand, der nach den ausgestandenen Leiden einer Erlösung gleicht, ist durch sachgemäße Behandlung immer zu erzielen.

Keine Angst.

Lassen Sie sich durch unbegründete Angst vor dem Zahnarzt nicht abhalten, seine Hilfe in Anspruch zu nehmen.

Der Stand der modernen Zahnheilkunde.

Dem modernen Fachmann ist dank der gerade auf diesem Gebiete in den letzten Jahrzehnten enorm vorgeschrittenen wissenschaftlichen Erfahrung, gestützt auf technisch vollkommene Hilfsmittel, die Möglichkeit gegeben, auch dem Schwächsten und Zaghaftesten die Segnungen seiner Tätigkeit zukommen zu lassen, ohne die Widerstandskraft seiner Nerven auf eine allzu harte Probe zu stellen.

In weitaus den meisten Fällen ist die anfangs unüberwindlich scheinende Angst schon nach der ersten Behandlung verschwunden, und die Betreffenden bereuen es bitter, nicht früher unsere Hilfe aufgesucht zu haben.

Fassen Sie Mut und bitten Sie einen tüchtigen Zahnarzt, der Ihr Vertrauen besitzt, Ihnen zu helfen. Sie werden bald einsehen, wie unbegründet Ihre Furcht gewesen ist und wie groß Ihr Fehler war, ein Ihnen gegebenes Gut der ungehemmten Zerstörung verfallen zu lassen.

Die Behandlung der kranken Mundhöhle.

Um mit dauerndem Erfolge eine vernachlässigte Mundhöhle gesund zu machen, hat sich die Behandlung wie folgt zu gestalten:

Untersuchung.

Nach eingehender Untersuchung des Mundes ist zunächst eine Besserung des Zustandes der Schleimhäute, besonders des Zahnfleisches, zu erstreben. Dies wird er-

Besserung des Allgemeinzustandes der Mundhöhle.

reicht durch Entfernung von Zahnstein und sonstigen Belägen, antiseptische Spülungen und Massage des Zahnfleisches mit verdünntem Alkohol.

Ist ein Rückgang der Schleimhautkatarrhe, eine Reinigung eventueller geschwüriger Prozesse bewirkt, so kann man darangehen, durch Entfernung tief kariöser Wurzelreste, besonders solcher, die Eiterungen unterhalten, auch diese Infektionsquellen zu stopfen. Entfernung kranker Wurzeln.

Unter Anwendung örtlich wirkender Betäubungsmittel durch Einspritzung ist eine allgemeine Narkose fast immer zu umgehen und trotzdem jeder Eingriff zu einem schmerzfreien, leicht erträglichen zu gestalten. Lokale Anästhesie.

Unter achtsamer Mundpflege mit Anwendung des verordneten Antiseptikums heilen die gesetzten Wunden in kurzer Zeit ab, ohne nennenswerte Beschwerden zu machen. Wundheilung.

Nun werden die übrig gebliebenen erkrankten Zähne und die noch verwertbaren Wurzeln der Reihe nach einer konservierenden Behandlung unterworfen, die, planmäßig und energisch durchgeführt, glänzende Erfolge zeitigen kann. Konservierende Behandlung.

Freilich, einige Geduld von seiten des Patienten und volles Vertrauen zu dem behandelnden Zahnarzt gehört zu einer erfolgreichen Behandlung, denn im Handumdrehen können diese oft jahrelang bestehenden Krankheitsprozesse, besonders Wurzelhautentzündungen, Abszesse und Fisteln, nicht zur Ausheilung gebracht werden. Geduld und Vertrauen.

Sind die erkrankten Wurzeln und Zähne geheilt, so werden sie zur Kauarbeit wieder brauchbar gemacht, die Wurzeln durch Aufsetzen künstlicher Kronen, die Zähne durch Füllungen, die ihnen die frühere Gestalt durch Aufbau der zerstörten Kronenteile wiedergeben. Kronen und Füllungen.

Künstlicher Zahnersatz als Füllung von Lücken notwendig.

Größere Lücken in den Zahnreihen sind durch künstlichen Ersatz auszufüllen. Geschieht dies nicht, so werden die Nachbarzähne sich nach der Lücke zu umlegen, die Zähne des Gegenkiefers wachsen in die Lücken hinein, indem sie sich aus dem Zahnfache des Kieferknochens herausheben, werden locker und fallen schließlich vor der Zeit aus.

Überlastung einzelner Zähne.

Die in der lückenhaften Zahnreihe stehen gebliebenen Einzelzähne werden bei der Kauarbeit überlastet, ihre Wurzelhaut reagiert auf den ständigen Überdruck mit Entzündungen. Der Zahn wird druckempfindlich, also zum Kauen unbrauchbar, lockert sich und geht zugrunde. Ein Übel zieht so immer das andere nach sich.

Kein Vorurteil gegen künstliche Zähne!

Deshalb überwinden Sie das Vorurteil gegen künstliche Zähne rechtzeitig!

Ich bin nicht im Zweifel darüber, ob ein Mund mit geschlossenen Zahnreihen, seien auch ein gut Teil künstlicher darunter, schöner ist oder ein solcher, der statt der Zähne häßliche, schwarz gähnende Lücken aufweist, die auch das schönste Gesicht abschreckend machen.

Abgesehen von diesen ästhetischen Bedenken erfordert die Gesundheit ein lückenloses, seiner Arbeit gewachsenes Gebiß.

Der Zahnersatz.

Sehr mannigfaltig sind die Möglichkeiten, die fehlenden Zähne zu ersetzen, ganz nach Geschmack und Geldbeutel.

Stiftzähne.

Für einzelne Zähne, deren Wurzeln noch brauchbar sind, bieten Stiftzähne und künstliche Kronen aus Porzellan und Metallen die idealsten Ersatzmittel.

Brückenarbeiten.

Sind die Lücken größer, so kann durch Vereinigung mehrerer Kronen oder Stiftzähne zu einem Ganzen ein Ersatz hergestellt werden, der, fest oder abnehmbar, in seinen Leistungen den natürlichen Zähnen kaum nachsteht.

Diese sogenannten Brückenarbeiten vermeiden die gefürchtete Gaumenplatte, verlangen aber feste Zähne oder Wurzeln als Stützpunkte, als Brückenpfeiler. Auch sind sie wegen der zu verwendenden Edelmetalle und der Schwierigkeit ihrer Anfertigung kostspieliger als die bedeutend einfacheren Plattenarbeiten.

Plattenarbeiten.

Diese bestehen aus einer der Gaumen- bezw. Kieferoberfläche genau anliegenden Platte aus Metall oder vulkanisiertem Kautschuk, an der die künstlichen Zähne befestigt sind. Diese Plattenersatzstücke werden durch Klammern an einzelnen Zähnen befestigt. Sind solche nicht mehr vorhanden oder kann man ihnen die Arbeit des Haltens nicht mehr zumuten, so wird durch besonders genaues Anpassen der Platten am Gaumen oder durch besondere luftleer zu machende Räume eine Adhäsion, ein Ansaugen, des Ersatzes am Gaumen erzielt, die zur Befestigung vollständig ausreicht.

Zahnersatztragende mögen folgende Regeln beachten:

Behandlung des Zahnersatzes. Feste Brücken.

Ist der Ersatz eine im Munde festsitzende Brückenarbeit dann sorge man peinlichst genau dafür, daß keine Speisereste in den Zwischenräumen oder unter dem Ersatz zurückbleiben. Deren Zersetzung erzeugt üblen Mundgeruch und Zahnfleischentzündungen.

Abnehmbarer Ersatz.

Abnehmbare Brücken oder Platten sind nach den Mahlzeiten sorgfältig durch Abbürsten zu säubern, besonders genau die Klammern oder sonstigen Befestigungsmittel, die mit den Nachbarzähnen in Berührung kommen.

Folgen der Unsauberkeit.

Bei mangelnder Reinlichkeit entwickelt sich neben den gewöhnlichen Folgen der Unsauberkeit, übler Geruch und Schleimhautreizung, leicht Karies an den Berührungsstellen der Stützzähne.

Aufbewahrung während der Nacht.

Abnehmbaren Zahnersatz beläßt man nachts am besten nicht im Munde.

Die Schleimhaut kann sich auf diese Weise von den Reizungen, die auch der tadelloseste Ersatz als Fremdkörper in geringem Maße stets ausübt, erholen.

Ferner vermeidet man, daß kleine Ersatzstücke während des Schlafes in die Luftwege oder Speiseröhre gelangen und zu lebensgefährlichen Verletzungen Anlaß geben.

Lysoform als Desinfektionsmittel.

Man bewahre den Ersatz nachts in einer Schale mit einer desinfizierenden Flüssigkeit auf. Ich empfehle hierzu eine Lysoformlösung. Neben der stark desinfizierenden, fäulnishindernden Wirkung hat dies Präparat die wertvolle Eigenschaft jeden üblen Geruch sofort nachdrücklich zu beseitigen und selbst nicht unangenehm zu riechen, wie z. B. Lysol.

Vor dem Wiedereinsetzen bürste man das Ersatzstück mit reinem Wasser ab.

Rechtzeitige Reparatur.

Beschädigte, lose sitzende Prothesen trage man nicht noch wochenlang unrepariert weiter. Häufig wird eine Reparatur dann unmöglich, auch leiden die Stützzähne und die Mundschleimhaut durch das umherrutschende Ersatzstück.

Behandlung der Stützzähne.

Die als Stütze eines Ersatzes dienenden Zähne bedürfen sorgfältiger Pflege und häufiger Revisionen durch den Zahnarzt, da der Verlust eines derartigen Zahnes oft gleichbedeutend ist mit einem Unbrauchbarwerden des teuren Ersatzes.

Schleimhautreizungen.

Entzündliche Reizungen der Mundschleimhaut leichterer Form verschwinden nach mehrmals am Tage vorgenommenen Spülungen mit Myrrhentinktur (15—20 Tropfen auf ein Glas Wasser) oder verdünnter essigsaurer Tonerde

(1 Teelöffel voll auf ein Glas Wasser). Üblen Mundgeruch beseitigt Wasserstoffsuperoxydlösung (3%) in der gleichen Anwendung. Mundgeruch.

Schwere Formen von Schleimhautentzündungen sowie Druckstellen von Zahnersatzstücken erfordern zahnärztliche Behandlung. Druckstellen.

Entwicklungsstörungen der Kiefer, Stellungsanomalien der Zähne, die oft größere Verunstaltungen bedingen, sind durch zahnärztlich-orthopädische Behandlung auszugleichen. Zahnärztlich-orthopädische Behandlung von Stellungsfehlern der Zähne.

Die Orthodontie hat dank eingehender Forschungen und geistvoll ersonnener Regulierungsmethoden glänzende Erfolge aufzuweisen.

Regellos durcheinanderstehende Zähne werden in schöne, tadellos schließende Reihen, enge Kieferbogen durch allmähliches Dehnen auf die normale Weite gebracht und damit alle Folgen, die diese Mißbildungen nach sich ziehen, beseitigt. Regelmäßiger Schluß der Zahnreihen.

Das Gesicht erhält regelmäßige Formen und Züge, die Nasenverengung wird behoben. Sind nun noch die adenoïden Wucherungen im Nasenrachenraum, die Nasenpolypen, vom Nasenarzt entfernt, so hört die ausschließliche Mundatmung auf und wird durch reguläre Nasenatmung ersetzt. Das Kind wird munterer, die Benommenheit des Kopfes und die Kopfschmerzen schwinden. **Das Vorsichhinträumen, verzeihen Sie das Wort, ist nicht mehr zu bemerken und das Kind kann in der Schule auch aufmerksam und so leicht dem Unterrichte folgen, als es seine geistigen Fähigkeiten gestatten.** Regelmäßige Gesichtszüge. Beseitigung der Nasenverengung. Reguläre Nasenatmung.

Der Beweis, daß Wucherungen in der Nase Einfluß auf das Lernen der Schüler haben, ist durch eine interessante Untersuchung geliefert. Von 62 schlechten Schülern waren Einfluß von Atembeschwerden auf die Lernfähigkeit.

ca. 45 %, von 52 mäßig lernenden Schülern ca. 30 %, von 89 guten Schülern ca. 21 % mit Nasenwucherungen geplagt. Zahlen reden!

Recht eitige Untersuchung und Behandlung.

Liegt der Verdacht vor, daß ein Kind unter Atembeschwerden und ihren Folgen leidet, so lasse man rechtzeitig eine Untersuchung vornehmen.

Werden neben den Nasenverengungen Unregelmäßigkeiten in der Kieferbildung und Zahnstellung entdeckt, so geben Sie ungesäumt dem Zahnarzt Gelegenheit, seine schöne orthopädische Kunst anzuwenden. Der Erfolg wird Mühe und Kosten reichlich aufwiegen.

Unterstützung durch die Eltern.

Allerdings müssen Eltern und Erzieher den zahnärztlichen Orthopäden in seiner mühevollen und verantwortungsreichen Arbeit tatkräftig unterstützen, indem sie darauf achten, daß die meist ungeduldigen, weil unverständigen jungen Patienten die gegebenen Anweisungen genau befolgen.

Dauer von Regulierungen.

Die Dauer einer derartigen Regulierung kann je nach der Lage des Falles $1/2$ — 2 Jahre betragen.

Also Vertrauen, Geduld und Gehorsam!

Deckung von Defekten.

Auch angeborene und erworbene Defekte der Kiefer, des harten und weichen Gaumens können, falls ein operativer Verschluß unausführbar oder mißlungen ist, vom Zahnarzt durch eine Prothese geschlossen werden.

Wolfsrachen.

Hierher gehören die Kiefergaumenspalten, der Wolfsrachen. Mittels eingelegter Verschlußapparate, sog. Obturatoren, ist es möglich, die bestehende anormale Verbindung zwischen Mund- und Nasenhöhle aufzuheben und so eine normale Ernährung und durch methodischen Sprachunterricht auch eine annähernd normale, gut verständliche Sprache zu ermöglichen.

Ist durch eine Operation ein Teil des knöchernen Kiefergerüstes verloren gegangen, so kann ein künstlicher Ersatz den Verlust decken. Sollen hier gute Erfolge erzielt werden, so müssen Chirurg und Zahnarzt tunlichst Hand in Hand arbeiten. Chirurgische Prothesen.

Lassen Sie mich nun zum Schlusse noch einmal kurz zusammenfassen, welche Anforderungen, die Ihnen ja nach den vorhergehenden Ausführungen voll verständlich sein werden, die Hygiene an die Mundpflege, soll diese ihren Zweck erfüllen, stellen muß.

Grundregeln für die Mundpflege in allen Lebensaltern.

1. Vom ersten Tage an peinliche Sauberkeit im kindlichen Munde durch sachgemäße Pflege.
2. Bei Erkrankungen sofortige ärztliche Hilfe und erhöhte Sorgfalt.
3. In der Periode des Zahnens Fernhaltung aller Schädlichkeiten, exakteste Mundpflege, Knochenernährung, Beseitigung von Entwicklungsstörungen.
4. Ist das Milchgebiß erschienen, Erziehung des Kindes zu gewohnheitsmäßiger Reinigung des Mundes, regelmäßige zahnärztliche Untersuchung, Füllung schadhafter Zähne, Beseitigung von Mißbildungen, Knochenernährung, keine vorzeitigen Extraktionen!
5. Im Zahnwechsel: Sachverständige Kontrolle des Durchbruchs, rechtzeitige Behandlung von Stellungsfehlern der Zähne.
6. Das gesunde Dauergebiß: Nach richtigen Grundsätzen pflegen, dauernde zahnärztliche Kontrolle durch halbjährliche Untersuchung.

7. Erhöhte Sorgfalt während längerer Krankheiten, besonders bei bettlägerigen Kranken, Wöchnerinnen, Bleichsüchtigen, bei beruflichen Arbeiten, die Schädlichkeiten bedingen.
8. Die kranke Mundhöhle: Zweckmäßige Pflege, zahnärztliche Behandlung, Zahnersatz.

Schluß. Prägen Sie sich diese Grundsätze ein, handeln Sie danach und sorgen Sie dafür, daß Ihre Kinder und Pflegebefohlenen Ihrem Beispiele folgen!

Nie werden Sie sich die früheren unhaltbaren Zustände zurückwünschen; sich und anderen werden Sie manche trübe Stunde ersparen und mit Befriedigung werden Sie erkennen, daß auch Sie Ihr Teil beigetragen haben zur Erreichung des Zieles, das jeder erstreben muß, der es wohl meint mit seinen Mitmenschen:

die Gesundheit unseres Volkes!

ZAHN-CREME
KALODONT
SARG'S SOHN
WIEN
KALODONT
MUNDWASSER
F. A. SARG'S SOHN & Co
WIEN
BERLIN
PARIS
Antiseptisch, angenehmer Geschmack.
Erhältlich in allen einschlägigen Geschäften.
Zahn-Crême und Mundwasser

www.ingramcontent.com/pod-product-compliance
Lightning Source LLC
LaVergne TN
LVHW010647300926
849161LV00005B/1055